एक तेरी मुस्कुराहट

- अभिषेक व्यास

First Published in April 2023

ISBN: 978-93-5741-475-3

BLUEROSE PUBLISHERS

www.BlueRoseONE.com

info@bluerosepublishers.com

+91 8882 898 898

Cover Design:

Yash

Typographic Design:

Tanya Raj Upadhyay

Distributed by: BlueRose, Amazon, Flipkart

नफरत बहुत है दुनिया में
हर कोई नफरत फैलाना चाहे
मैं चाहता हूं मेरा नाम
प्यार बांटने वालों में आए

दो शब्द

ख़्वाब सबको आते हैं, ख्याल सबको आते हैं लेकिन इनको लिखने की कला जिसको आती है उसे लेखक कहते हैं।

इस पुस्तक में मैंने ऐसे ही कुछ ख्याल लिखे हैं, जिन्हें आप गीत, ग़ज़ल, कविता, शेर-ओ-शायरी, नज़्म, क़ता, मुक्तक, अशआर कह सकते हैं।

ये ख्याल दो भागों में बटे हुए हैं, एक काल्पनिक और दूसरे वास्तविक। मैं मानता हूं कि सभी लेखक ये प्रयोग करते हैं कुछ वास्तविकता पर लिखते हैं और कुछ काल्पनिक।

अलग-अलग विषयों पर लिखते हुए कई सारे विषयों को समेटने की कोशिश की है, जैसे प्रेम, जुदाई, चाय, राजनीति, दोस्ती, देशभक्ति, समाज आदि।

सभी का मानना है कि अपने अनुभव से जो व्यक्ति सीखता है वही समझदार होता है। लेकिन मैं ये मानता हूं कि अपने अनुभव से सीखने वाला व्यक्ति केवल समझदार होता है, और जो दूसरों के अनुभव से भी सीखे वो अधिक समझदार होता है। इस पुस्तक को लिखते समय मैंने अधिक समझदार बनने की अधिक कोशिश की है।

आशा करता हूं कि आपको ये ख्याल पसंद आएंगे, इन खयालों में कोई तो ख्याल ऐसा होगा जिससे आप खुद को जुड़ा हुआ महसूस करेंगे।

आभार

इस क़िताब के प्रकाशित होने में और मेरे लेखक बनने में दो लोगों की मुख्य भूमिका है।

पहले मेरे हिंदी के अध्यापक *"आचार्य श्री ललित त्यागी गहेली"* उन्होंने सूरदास, मीराबाई, रहीम, सूर्यकांत त्रिपाठी निराला, हरिवंश राय बच्चन, दुष्यंत कुमार, डॉ. प्रेमभारती, आदि की कविताओं को इस तरह पढ़ाया की कविताओं को पढ़ने और सुनने में मेरी रुचि बढ़ी।

दूसरे *"डॉ. कुमार विश्वास जी"* जिनको सुनने के बाद मुझे यह एहसास हुआ कि मैं भी लिख सकता हूं और मैंने लिखा। आज भी मुझे स्वयं से ज्यादा उनकी रचनाएं याद है।

श्री नंदकिशोर व्यास, मेरे पिताजी, जिन्होंने इस किताब को प्रकाशित करवाया। पहली बार जब मंच पर कार्यक्रम किया उसके बाद उन्होने मुझे समझाया कि मंच पर बोलना कैसे चाहिए।

मेरा छोटा भाई, *कपिल व्यास,* मेरी 70% से अधिक कविताएं सबसे पहले उसने सुनी है जबकि मेरे लिखने से पहले उसे शेरो शायरी को सुनने पढ़ने में रुचि नहीं थी लेकिन अब है।

मेरी मां और बड़ी बहन जिनको आज भी शेरो शायरी कविता में रुचि नहीं है लेकिन मेरे open mic के videos को देखती है सुनती है पसंद करती हैं।

वो लड़की जिसने लिखने को अलग अलग task दिए। भैया फ्रेंडशिप पर भी कुछ लिखो, भैया इस विषय पर कुछ लिखो कल शाम तक,भैया........पर दो लाइन लिखो ।

आभार उन सभी का जिन्होंने मुझे सुनने के बाद मेरा हौसला बढ़ाया। इनमें से किसी एक के ना होने का मतलब था मेरी इस किताब में कुछ कमी रह जाना।

अनुक्रम

यारी-1

पास हो तो हर सुबह उसके नाम हो जाती है
दूर हो तो रोज फोन पर बात हो जाती है

मिलते हैं जब बड़े दिनों के बाद हम यार
पता नहीं कब सुबह से शाम हो जाती है

जितने भी दिन रुके वो अपने शहर में
मेरी हर चीज उसके काम आ जाती है

K.C.

यारी-2

पापा की परी तू भी है
पापा की परी मैं भी हूं
धीरे-धीरे चलो सखी
संग तेरे मैं भी हूं

हमको जो करना वो करेंगे
लोगों से क्या लेना
थोड़ी जिद्दी तू भी है
थोड़ी जिद्दी मैं भी हूं

तू 'स' से सहेली पढ़
मैं 'य' से यारी पढूं
थोड़ी पागल तू भी है
थोड़ी पागल मैं भी हूं

S.H.

यारी-3

दिन में चाहे चार बार मिलें बातें बड़ी लंबी चलती हैं
बस यही बात हमारे घर वालों को बड़ी खलती है

सब रोकते हैं फिर भी किसी बहाने से हम मिलते हैं
वो बात अलग है कि घर जाकर डांट पड़ती है

जब भी मिलते हैं हम सब, तो क्या होता है
थोड़ी बातें थोड़ा पागलपन और होती थोड़ी मस्ती है

लोगों के कुछ भी कहने से फर्क ना हमको पड़ता है
क्योंकि मालूम है हमको दोस्ती हमारी सबसे अच्छी है

P.P.T.

वो लड़की

वो लड़की दिल की सच्ची है
बस अकल की थोड़ी कच्ची है
थोड़ी जिद्दी है और नासमझ भी
पर जैसी भी है लड़की अच्छी है

S.

अनजानी

सीधी साधी भोली भाली
दुनिया से अनजानी हूं
जो पढ़ी नहीं गई अब तक
मैं वही कहानी हूं
जानना चाहो मुझको
तो जान लो बस इतना
सखियों की आकांक्षा
मम्मी की गुड़िया
अपने मन की रानी हूं

R.

एक तेरी मुस्कुराहट

जैसे सूरज के आने से जग को उजाला मिलता है
जैसे किसी बिछड़े को कोई अपना मिलता है

तुम दुखी ना हो कभी यही अरदास है मेरी रब से
एक तेरी मुस्कुराहट से यहां सबका चेहरा खिलता है

यूं तो घरवालों की बातें सबसे होती रहती हैं
बात हो जाए जो तुमसे तो सबको सुकून मिलता है

यहां सबके दिलों में तो रहना ही है तुमको
फिर यहां रहो या वहां रहो क्या फर्क पड़ता है

D.

तेरे बात करने का लहजा

तुमको कोई कितना भी देखे
कहां मन भरता है
एक बार मिले जो वो अक्सर मिलता है
तेरे बात करने का लहजा
दिल में घर करता है
एक बार मिले जो वो अक्सर मिलता है

ये जो चमक है तेरी आंखों में
कितनी मिठास है तेरी बातों में
हमने तो देखा नहीं मगर
कितनी सुंदर लगती होगी
तुम चांदनी रातों में
एक झलक जो देख ले
मदहोश हो जाता है
वो जो हर रोज देखे
कैसे संभलता है
एक बार मिले जो वो अक्सर मिलता है
तेरे बात करने का लहजा
दिल में घर करता है
तुमको कोई कितना भी देखे
कहां मन भरता है

जिस दिन तुम दुल्हन बनी होगी

लाल जोड़े में सजी होगी

हाथों में मेहंदी रची होगी

पैरों में पायल पहनी होगी

चेहरे पर ऐसा नूर खिला होगा

चांद भी शर्म से छुप गया होगा

वो जिसने उठाया तेरा घूंघट

उसका क्या हाल हुआ होगा?

खुश किस्मत है वो

जो रोज तेरा दीदार करता है

एक बार मिले जो वो अक्सर मिलता है

तेरे बात करने का लहजा

दिल में घर करता है

तुमको कोई कितना भी देखे

कहां मन भरता है

बिन तेरे जीना

क्या बिगड़ा मेरा और क्या बन गया है
बिन तेरे जीना सजा बन गया है

तुम साथ थे तो सब अच्छा था
खुशियां हो या गम सब अच्छा था
हमने भी देखे थे कितने ही सपने
हमने भी चाहता साथ हों अपने
अपनों को दूर किया
सपनों को तोड़ दिया
ये जालिम जमाना चाहता क्या है
बिन तेरे जीना सजा बन गया है

क्या बिगड़ा मेरा और क्या बन गया है
बिन तेरे जीना सजा बन गया है

सब कहते हैं उसकी आंखों में
विदाई के आंसू हैं
मैं जानता हूं उसकी आंखों में
जुदाई के आंसू है
ये आंसू तेरे बिन बोले सब कह गए
ख्वाब थे जो भी सारे अधूरे रह गए
हमारा मिलना भी एक संगम था
हमारी जुदाई का नगमा बन गया है
बिन तेरे जीना सजा बन गया है

क्या बिगड़ा मेरा और क्या बन गया है
बिन तेरे जीना सजा बन गया है

चेहरे पर उदासी आंखों में नमी रहती है
बिन तेरे कुछ ना कुछ कमी रहती है
जब हाल किया मालूम तेरा तो मैंने जाना
बिन मेरे तू भी खोई खोई रहती है

कसम से हम टूट जाते हैं

कसम से हम टूट जाते है
जब वो हमसे रूठ जाते हैं

मन कहीं भी लगता नहीं
नींद रातों को आती नहीं
यादों से मेरी वोजाती नहीं
जागते हुए ख्याल डराते हैं
कसम से हम टूट जाते हैं
जब वो हमसे रूठ जाते हैं

सड़क का किनारा ढूंढता हूं
टिकने को सहारा ढूंढता हूं
साथ में तुम्हारा ढूंढता हूं
बिन पिए कदम लड़खड़ाते हैं
कसम से हम टूट जाते हैं
जब वो हमसे रूठ जाते हैं

मुझको होश नहीं रहता है
हर कोई पागल कहता है
दीवाना कितने दुख सहता है
फिर भी वो समझ ना पाते हैं
कसम से हम टूट जाते हैं
जब वो हमसे रूठ जाते हैं

जब उनसे रिश्ता जोड़ा मैंने
ख्वाहिशों को अपनी तोड़ा मैंने
उनके मुताबिक कदम मोड़ा मैंने
फिर भी हम गलत कहे जाते हैं
कसम से हम टूट जाते हैं
जब वो हमसे रूठ जाते हैं

मैंने निभाया सारे रिश्तो को
मैंने चुकाया सारी क़िस्तों को
मैंने जोड़ा सब हिस्सों को
फिर भी कुछ छूट जाते हैं
कसम से हम टूट जाते हैं
जब वो हमसे रूठ जाते हैं

दुनिया वाले ताने देते हैं
सब अपने मुंह मोड़ लेते हैं
हम पत्थर पे सिर फोड़ लेते हैं
फिर भी वो तरस ना खाते हैं
कसम से हम टूट जाते हैं
जब वो हमसे रूठ जाते हैं

हालत बीमारों जैसी होती है
हालत आवारों जैसी होती है
हालत नाकारों जैसी होती है
भूल गए कैसे मुस्कुराते हैं
कसम से हम टूट जाते हैं
जब वो हमसे रूठ जाते हैं

एक कमरे में पड़े रहते हैं
ना कुछ खाते हैं ना पीते हैं
तेरी यादों के सहारे जीते हैं
आंखों से आंसू बहते जाते हैं
कसम से हम टूट जाते हैं
जब वो हमसे रूठ जाते हैं

तुमने तो हर कदम पर
साथ चलने का वादा किया था

साथ जिएंगे साथ मरेंगे
ये भरोसा भी तो तुमने दिया था

तुम तो बीच राह में छोड़ कर
चली गई मुझको

सनम बता करके तो जाती
मेरा कसूर क्या था ?

तुम आए थे दिल में ठहर जाने के लिए
तुमने छोड़ा था हमको जमाने के लिए
सोचता हूं मैं यही अकेले में अक्सर
तुम मिले थे क्या मुझको रुलाने के लिए

तू मेरी दिलरुबा है

रूप तेरा है इतना सुंदर नजरें मेरी हटती नहीं

दिल कब से पूछ रहा है तुम कुछ कहती क्यों नहीं

कब से तुमको देख रहा हूं फिर भी तुम चुप हो

तुम सपना हो कोई या सामने मेरे सचमुच हो

ये दिल पहली बार किसी के प्यार में डूबा है

तू मेरी महबूबा है तू मेरी दिलरुबा है

तेरे जैसा दुनिया में ना कोई और दूजा है

तू मेरी महबूबा है तू मेरी दिलरुबा है

जो तुम कुछ ना कह रही तो फिर मैं क्या समझूं

तुम मुझको ही देख रही मैं हां समझूं या ना समझूं

ये तेरा चुप रहना मुझको कितना तड़पाता है

मासूम से इस दिल को जोरों से धड़काता है

जो तुम मिल जाओ तो मेरा हर ख़्वाब पूरा है

तू मेरी महबूबा है तू मेरी दिलरुबा है

तेरे जैसा दुनिया में ना कोई और दूजा है

तू मेरी महबूबा है तू मेरी दिलरुबा है

कहां से आई हो मुझको बताओ कौन हो तुम

दिल मेरा चुराया तुमने क्या कोई चोर हो तुम

मैं हूं तुम हो और ये सुहानी शाम है

जानेमन इतना बता दो क्या तेरा नाम है

बिन नाम के तेरे 'अभि' का नाम अधूरा है

तू मेरी महबूबा है तू मेरी दिलरुबा है

तेरे जैसा दुनिया में ना कोई और दूजा है

तू मेरी महबूबा है तू मेरी दिलरुबा है

मेरी आंखों के सामने जो सितारा बैठा है

अरे देखो तो वो कितना प्यारा बैठा है

या तो मेरी नजरें उससे हट नहीं रही

या फिर वो मेरी आंखों में आकर बैठा है

***

क्या तारीफ करें तेरे हुस्न की

यहां हर किसी को तुमसे प्यार है

तुम कर दो इशारा किसी को भी

यहां हर कोई तुम पर मरने को तैयार है

स्वप्न सुंदरी

रोज रात को मेरे ख्वाबों में तुम आती हो
ना जाने मुझको कहां कहां ले जाती हो

तेरे संग चलना मुझको भी अच्छा लगता है
पर सपनों का ये धागा थोड़ा कच्चा लगता है

सुबह को जब मेरी नींद खुलती है
और तू मुझको मेरे पास ना मिलती है

तो मैं बेचैन सा होकर फिर सो जाता हूं
एक बार फिर तेरे ख्वाबों में खो जाता हूं

सोचता हूं क्या किसीको सपनों की भी आदत होती है
जो तुम ना आओ सपने में नींद पूरी ना होती है

सपनों का यह रिश्ता कितना सच्चा लगता है
अब तो बस सपनों में रहना अच्छा लगता है

ओ स्वप्नसुंदरी मेरा तुमसे बस इतना है कहना
तुम सदा ही मेरे साथ मेरे ख्वाबों में रहना।

वो चांदनी रात

रातों की नींद

नींदों में ख्वाब

ख्वाबों में तुम

तुम इतनी सुंदर

कि जी करता है

ये ख्वाब खत्म ना हो

ये रात खत्म ना हो

इस रात की कोई

सुबह ही ना हो

हम तुम कभी

जुदा ही ना हो

सपना और हकीकत का जब भी होगा सामना

तुम कितनी सुंदर हो मिलकर है यह बताना

हालात मेरे

अब हालात मेरे ऐसे हैं

क्या बतलाऊं कैसे हैं

मुझको देखो और समझ लो

बिल्कुल मेरे जैसे हैं

अब यह मत पूछना

कि मैं कैसा हूं

जैसे हैं हालात मेरे

मैं बिल्कुल वैसा हूं

जो भी है जैसा भी है

अब कोई गम नहीं

हर कोई समझ जाए बात मेरी

सब में इतनी समझ नहीं

जो ना आए समझ तुमको

तो नजरअंदाज कर देना

जो आ जाए समझ

तो मुझको खबर कर देना

तुम्हारे साथ बिताया हर लम्हा याद आता है
आंसू रोक लूं आंखों से पर गला भर ही आता है
हंसना-रोना, खेलना-कूदना सब हो जाता है
मगर जब हो मुझे लड़ना तो तू याद आता है

***

जो दिल से निकालोगे हम किधर जाएंगे
हाथ थाम लो तुम हम संभल जाएंगे
जब तुम रूठ कर मुझसे दूर चले जाओगे
हम याद में तेरी तड़प तड़प मर जायेंगे

बस्ती बस्ती गीत सुनाता हूं मैं
दर्द अपने कुछ यूं छुपाता हूं मैं
जब कोई पूछे मुझसे हाल मेरा
तो फिर मंद मंद मुस्काता हूं मैं

***

मंजिल को पाना जो आसान होता तो
वादों को निभाना जो आसान होता तो
ना होता दर्द इतना कभी दिल को हमारे
तेरा मेरा मिलना जो ख़्वाब होता तो

उस हसीना ने आईने में अपना चेहरा देखा तो
सोचने लगी जिंदगी भी इतनी खूबसूरत होती तो

इजहार

मुझे मोहब्बत है तुमसे अगर इस बात पर शक है
तो मार दो थप्पड़ मुझे तुम्हें इतना तो हक है

मुझे नहीं मालूम तुम क्या सोचती हो मेरे बारे में
पर मैं हर पल सोचता हूं बस तेरे बारे में

तुम कहती हो कि तुम्हें मैं पसंद नहीं
मुझे मालूम है तेरे दिल में मेरे सिवा कोई नहीं

शायद अभी तुम्हें प्यार का एहसास नहीं हुआ है
तुम भी मुझसे प्यार करो यही रब से दुआ है

तुझे जब प्यार का एहसास हो बेफिक्र चली आना
तेरा इंतजार करता मिलेगा तुझे ये तेरा दीवाना

खुशबू है फूलों सी और चांद सा तेरा चेहरा
झील सी आंखें तेरी और पलकों का है पहरा
आओ और मेरे हाथ पर रख कर के हाथ अपना
बता दो जमाने को हमारा रिश्ता है कितना गहरा

***

राह में आए जो पत्थर तो किस्मत समझ लेना
अपनी हार को अपना अनुभव समझ लेना
जो उत्तर ना मिले तुझको तेरे इजहार का
तो उसकी ख़ामोशी को ही तुम हां समझ लेना

मेरा दिल बेकरार है

बस आपका इंतजार है

आपके बिना सब सूना है

आपके आने से बहार है

इश्क़ का कारोबार

ये तेरे शहर में भी चल रहा है
ये मेरे शहर में भी चल रहा है

बाकी धंधों की तो खबर नहीं मुझको
मगर इश्क़ का कारोबार अच्छा चल रहा है

माना मैंने तेरी आंखों में पानी ज्यादा है मगर
दर्द, दर्द तो इस दिल में भी पल रहा है

आज फिर मैंने बेवफा पर कुछ लिख दिया
आज फिर किसी का दिल जल रहा है

मयखाना

उस रास्ते पर मुझको जाना ही नहीं है
जिस रास्ते पर कोई मयखाना ही नहीं है

नशे में होता हूं तो वो साथ होती है
कि अब मुझको होश में आना ही नहीं है

जो हुआ सो हुआ अब आगे बढ़ना है
सपने पूरे करने हैं दिल लगाना ही नहीं है

किसी को मुसीबत में देखूं तो मदद करूं
कैसे करूं अब ये जमाना ही नहीं है

जिंदगी आसानी से कटती कहां है ?

जिंदगी आसानी से कटती कहां है
यादें हो पुरानी तो मिटती कहां है

पार करा दे जो दरिया दुखों का
दरिया में ऐसी कश्ती कहां है

जिसके मिलने से मैं सारे ग़म भुला दूं
दुनिया में ऐसी हस्ती कहां है

मैं सबके जीवन में खुशियां बांटू
खुशियां इतनी सस्ती कहां है

तेरे अलावा भी एक दुनिया है

अब तेरे साथ नहीं तेरे बगैर सही

मुझे सुकून से रहना है

तेरे अलावा भी एक दुनिया है

मुझको उस दुनिया में रहना है

ना रत्ती भर भी ज्यादा ना रत्ती भर भी कम

कोई कर पाए

जिसकी किस्मत में लिखा जितना

उसको उतना रोना है

मैं तुमको कुछ समझाऊं इस काबिल

कहां छोड़ा है तुमने

अपने कर्मों का फल सबको मिलता है

बस इतना कहना है

खुद की नीयत में खोट तुम्हारी

वो नजर नहीं आती

लड़की पर इल्जाम लगाते हो

उसने क्या पहना है

मैं फिर एक दीप जलाऊंगा

ये कैसा समय आया है ?

चारों ओर अंधकार छाया है

कुछ भी नजर ना आता है

मन मेरा भी घबराता है

बाहर से जो जितने उजियाले हैं

अंदर से वो उतने काले हैं

मैं इनके काले मन में

प्रेम की ज्योति जलाऊंगा

मैं फिर एक दीप जलाऊंगा

मैं फिर एक दीप जलाऊंगा

सूख गई नदियां फसलें मुरझाईं है

धरती पर मची त्राहि-त्राहि है

हर तरफ लाशें हैं ये कैसी बर्बादी है

सारे दीपक बुझ गए ये कैसी आंधी है

हे कुदरत यह कैसा तेरा कहर है

सांस लेना मुश्किल हवाओं में ज़हर है

इस जहर को पी जायें

मैं भोले बाबा को मनाऊंगा

मैं फिर एक दीप जलाऊंगा

मैं फिर एक दीप जलाऊंगा

कलयुग के इस घोर अंधकार को मिटाना है

हमको फिर से नया सवेरा लाना है

सब कह रहे तू अकेला

क्या उखाड़ पाएगा अंधकार का

कैसे विनाश कर पाएगा अंधकार का

सूर्य की एक किरण से ही सुबह हो जाती है

उम्मीद की एक किरण से राह सरल हो जाती है

मैं वही उम्मीद की किरण बनकर दिखलाऊंगा

मैं फिर एक दीप जलाऊंगा

मैं फिर एक दीप जलाऊंगा

सबसे पहले सोचूं तुमको

सबसे पहले सोचूं तुमको

सब कुछ उसके बाद करूं

कोई ऐसा लम्हा बताओ

जब ना तुमको याद करूं

ख्वाबों में आती हो

हकीकत में तड़पाती हो

तुम ही बताओ

किससे मैं तुम्हारी फरियाद करूं

सबसे पहले सोच हूं................

वो तेरी जुल्फों का उड़-उड़ कर

मेरे चेहरे पर आना

और उसी पल मेरी मां का

मुझको जगाना

मां पूछ रही है क्यों

मुस्कुरा रहा है तू

मैं उसको क्या बतलाऊं

मेरे ख्वाबों में आती है तू

ये इश्क़ मोहब्बत की बातें

मैं कैसे मां के साथ करूं

सबसे पहले सोचूं तुमको ....

शाम सवेरे बस तेरे

ख्यालों में रहता हूं

सब कहते हैं

मैं खोया खोया रहता हूं

कोई पूछे भी तो क्या बतलाऊं

मैं तुमसे मिला ही नहीं

ये भी सच है ऐसा प्यार

कभी किसी ने किया ही नहीं

तुम आओ सामने तो फिर

प्यार का इज़हार करूं

सबसे पहले सोचूं तुमको ....

साज़िश

हां मुझको प्यार हुआ था अनजाने से

वो मोहम्मद रफी के गाने से

हां माना तब मैं बच्चा था

पर प्यार तो मेरा सच्चा था

अब यूं छोड़कर जाओ ना तुम

लोगों की बातों में आओ ना तुम

मैंने तुमने मिलकर नींव रखी जिस रिश्ते कि

उसे तोड़ने की साज़िश चल रही है

ये दुनिया तेरी मेरी मोहब्बत से जल रही है

अब छोड़ो जिद हाथ थामो मेरा

उस नदी के पार है घर मेरा

उस घर को बरसों से है इंतजार तेरा

पूछता है मुझसे कब आएगा यार तेरा

कहीं तुमको आने में देर ना हो जाए

उस घर में जो यादें हैं वो खो ना जाए

मैंने तुमने मिलकर जो उस घर में बिताए थे लम्हे

उनको मिटाने की साज़िश चल रही है

ये दुनिया तेरी मेरी मोहब्बत से जल रही है

घर परिवार दोस्त यार

घर परिवार दोस्त यार इन्हीं से तो हर खुशी है

सच बता रहा हूं यही तो जिंदगी है

सुनसान बगीचे में अकेला बैठा सोच रहा था मैं

मन ही मन में खुद को कोश रहा था मैं

मेरी एक गलती ने येक्या कर डाला

महफिल से मुझको तनहा कर डाला

अपनी गलतियों की सजा पा रहा हूं मैं

मुझको ही नहीं पता कहां आ गया हूं मैं

समझ में अब आया है

जब सबकुछ गंवाया है

ना कोई अपना है ना यार

पीछे छूट गया घर परिवार

वापस घर कैसे जाऊं मैं

जाकर के क्या मुंह दिखलाऊं मैं

क्या बोलूं वापस आ गया हूं मैं

मुझको संभालो बर्बाद हो गया हूं मैं

उस मासूम सी बच्ची को

भैया भैया कहता छोड़ आया हूं मैं

उस बूढ़ी मां को रोता छोड़ आया हूं मैं

दोस्तों ने इतना समझाया पर मैंने ना मानी

मानो जैसे बर्बाद होने की हो ठानी

यह सब सोच ही रहा था

तभी किसी ने कंधे पर हाथ रखा था

पीछे मुड़कर देखा तो बुजुर्ग खड़ा था

बोला बेटा बहुत परेशान लगते हो

घनी आबादी वाले शहर में तनहा लगते हो

बेटा मुझको कुछ ऐसा एहसास हो रहा है

कि तुम को अपनी गलती का पछतावा हो रहा है

मैं चुप रहा और कुछ भी ना बोला

वो मुस्कुराया और मुझसे बोला

बेटा छमा मांगो तो मां बाप पिघल ही जाते हैं

दोस्त भी कहां बिन दोस्त के रह पाते हैं

उठऔर जा अब देर न कर

वो तेरे अपने है जा कर बात तो कर

इतना सुनते ही मैं वहां से दौड़ा दौड़ा आया

घर जाकर के मैंने दरवाजा खटखटाया

देखकर मुझको सबकी आंखें भर आई

छोटी बहना दौड़ी दौड़ी आई

बोली कहां थे आप इतने दिन से ?

जाओ मुझको बात ही नहीं करनी आपसे

मां की आंखों से आंसू बंद नहीं हो रहे थे

और दोस्तों के ताने बंद नहीं हो रहे थे

पिता के पास जाकर सिर झुका लिया

वो जोर से रोए और मुझे गले लगा लिया

आज फिर मुझे सब कुछ मिल गया

जिसकी वजह से मिला उसको तो भूल ही गया

कहां से आया कौन था वो ?

रब का भेजा हुआ फरिश्ता था वो

उसकी वजह से ही तो हुआ नया सवेरा है
जो कुछ मेरा था आज फिर से वो मेरा है
घर परिवार दोस्त यार इन्हीं से तो हर खुशी है
सच बता रहा हूं यही तो जिंदगी है

राधाकृष्ण

मेरे नैना तेरे, तेरे नैना मेरे नैनों में खो जाए
मेरे दिल में तेरा, तेरे दिल में मेरा घर हो जाए
तेरे आने से बस इतनी ख्वाहिश जगी दिल में
मैं तेरा श्याम हो जाऊं तू मेरी राधा हो जाए

****

तेरी अदाओं पर फिदा हो गया हूं मैं
मैं मेरा ही नहीं अब तेरा हो गया हूं मैं
तेरी सादगी ने है किया मुझको दीवाना
राधा हूं या फिर, मीरा हो गया हूं मैं

नैना काले-काले गाल गुलाबी दीखे हैं
कान्हा जहां भी देखे बस राधा दीखे हैं
रंग लगाए तो कैसे असमंजस में हैं
राधा के आगे तो सारे रंग फीके हैं

***

नजरों का मिलना भी कमाल करता है
मासूम दिल का ये बुरा हाल करता है
कैसे समझाएं जमाने को क्या होती है मोहब्बत
राधा कृष्ण का ना मिलना भी सवाल करता है

वो अन्तिम रात

वो जुदाई का लम्हा वो मुलाकात क्या थी
दिल को दिया दर्द वो अंतिम रात क्या थी

ना मालूम है मुझको ना मालूम है तुझको
अलग हो गए हम आखिर बात क्या थी

हां मुझको थी तुमसे और तुमको थी मुझसे
उन दिनों मोहब्बत की वो बात क्या थी

सारा मधुबन तेरी मेरी आंखों में था डूबा
उस रोज आंसुओं की वो बरसात क्या थी

तुम दौड़ी चली आती जो मैं मुरली बजाता
अब रातों को सोचोगी वो आवाज क्या थी

एक उम्र बीत गई

एक उम्र बीत गई
कान्हा कान्हा रटते रटते
फिर भी ना दर्शन पाए
ज्यों पुकारा राधा राधा
दौड़े दौड़े घनश्याम आए

मां मीरा को समर्पित

सिवा तेरे किसी को चाहा नहीं है
बिन तेरे सूझती कोई राह नहीं है
तुम तो मोहन मेरी सांसो में बसे हो
क्या हुआ जो तुमको पाया नहीं है

***

मोहन मोहन में पुकारूं सुनो मेरी पीर
अब आ भी जाओ कब तक बांधू धीर

***

मोहन सबकी सुनते हो मुझसे क्यों नाराज
अब तो मैं थक गई दे देकर आवाज

मां

मेरा उससे मिलना ही शिकायत दूर करता है

उसकी गोदी मेरा सिर थकावट दूर करता है

उसके हाथों का मेरे बालों की सैर करना

मेरी हर बीमारी का वो इलाज करता है

***

नींद आंखों में हो तो फिर सोना चाहिए

दिल में है दर्द तेरे तो फिर रोना चाहिए

राम के लिए सारा दोष अपने सिर ले लिया

मां हो तो फिर केकई के जैसी होनी चाहिए

नजरों से नजरें मिलाऊं कैसे

नजरों से नजरें मिलाऊं कैसे
सामने उसके मैं जाऊं कैसे

मैं प्यार तो उससे करता हूं
ये बात उसको समझाऊं कैसे

उसका दिल मेरे लिए धड़कता है
ये एहसास उसको दिलाऊं कैसे

रंग गुलाल फूल सब कुछ है
बिन तेरे होली मनाऊं कैसे

ना कुछ तेरा है ना कुछ मेरा है

जो आज तेरा है कल वो मेरा है

जो आज मेरा है कल वो तेरा है

क्यों झगड़ते हैं हम लोग इतना

ना कुछ तेरा है ना कुछ मेरा है

मुश्किलों से हमको डरना है क्यों

आज अंधेरा है तो कल सवेरा है

खाली हाथ आया खाली हाथ जाएगा

फिर क्यों करता तू मेरा मेरा है

मिलकर रहना है हमें इस संसार में

ना कुछ तेरा है ना कुछ मेरा है

फुटपाथ

रौंद करके उसके ख्वाबों को क्या मिला तुमको
चलाने को गाड़ी यही फुटपाथ मिला तुमको
जब आसमान से बिजली गिरेगी छत पर तुम्हारे
तब जाकर उसका दुख महसूस होगा तुमको

***

किस्मत में जिसके जो लिखा संग उसके वही होना है
तुम तो बड़े आदमी हो तुमको मखमल पे सोना है
ये फुटपाथ है साहेब यहां जरा तमीज से चलो
किसी की रात कटती है यहां ये किसी का बिछौना है

तुम तो बस कह देते हो

तुम तो बस कह देते हो
क्या तुमने सब कुछ देखा है

तुम जो देखना चाहते हो
तुमने केवल वो ही देखा है

इश्क़ में धोखा है कहकर
बदनाम किया मोहब्बत को

मैंने सात फेरे लेने वालों को
अलग होते देखा है

नया साल

लगाओ कोई नया सुर कोई नया ताल
बस कुछ दिनों में आ रहा है नया साल

इस नए साल में कुछ खास होना चाहिए
हर तरफ हर्ष और उल्लास होना चाहिए

हमको अपनी गलतियों का एहसास हो
जो हो गए हैं दूर वो फिर से पास हो

ये नया साल खुशियां या गम लाएगा
ये तो बस आने वाला वक्त बताएगा

तो नए साल को कुछ इस तरह मनाएं हम
बीते साल की बुरी यादें भूल जाएं हम

जिंदगी का क्या पता आज है तो कल नहीं
ये नफरतें ये गुस्सा रह जाएगा सब यहीं

भूल करके सारी बातें एक दूजे को गले लगाते हैं
हम सब मिलकर फिर से नया साल मनाते हैं

तुझे क्या पता बिन तेरे मेरा क्या हाल है ?
ये नया साल तो सिर्फ कहने को नया साल है

सिपाही तेरी जय हो

वतन पर जो जान लुटा दे मरे नहीं अमर हैं वो
एक बार सब मिलकर बोलो सिपाही तेरी जय हो

लोहे सी भुजाएं जिनकी शेरों सी है दहाड़
वो ना रुकने वाले चाहे सामने हो पहाड़
हिम्मत वाले हैं वो
जग से न्यारे हैं वो
भारत के रखवाले हैं वो
आंखों के तारे हैं वो
एक बार सब मिलकर बोलो सिपाही तेरी जय हो

जब हम घर में चैन से सोते है
वे सरहद पे खून के आंसू रोते हैं
और जब वे चैन से सोते हैं फिर हम रोते हैं
किस्मत वाले हैं वो
तभी रब को प्यारे हैं वो
बड़े जिगर वाले हैं वो
आसमान के तारे हैं वो
एक बार सब मिलकर बोलो सिपाही तेरी जय हो

नदियां पर्वत पहाड़ और झरनों में है

धरती अंबर चांद तारे और लहराती फसलों में है

गीता का ज्ञान है वो

अल्लाह की कुरान है वो

पगड़ी की शान है वो

देश का सम्मान है वो

एक बार सब मिलकर बोलो सिपाही तेरी जय हो

वतन पर जो जान लुटा दे मरे नहीं अमर हैं वो

एक बार सब मिलकर बोलो सिपाही तेरी जय हो

सब बेईमान है मेरी वकालत कौन करे
नन्हे बच्चे विद्यालय में शरारत कौन करे
सब चाहते हैं मेरे बच्चे महफूज रहें
तो फिर वतन पर शहादत कौन करे

सिपाही को प्रेमिका का खत

फुरसत मिले कभी काम से तुमको

तो फिर आ जाना तुम मिलने मुझको

आंखें तुझे देखने को तरस रही है कब से

तू जल्दी घर आजा रोज दुआ करती हूं रब से

अगर वो पहली मोहब्बत है तुम्हारी

तो दूसरी मैं भी हूं

माना वो खुशी है तुम्हारी

तो थोड़ा बहुत सुकून मैं भी हूं

वो आम के बाग में मिलना

तुमको याद तो है ना

किए थे जो वादे मुझसे

तुमको याद तो है ना

सुना है ये फौजी वादा तोड़ देते हैं

तुम सबके जैसे नहीं होना

फौजी वादा निभाते हैं सबको बताना

अबकी बार ज्यादा देर ना लगाना

मोरे पिया जल्दी घर आना

तेरे जाने के बाद बहुत रोया हूं मैं

आंखों के नीचे काले धब्बे
गवाही है इस बात के
कि तेरे इंतजार में, मैं
जाग रहा हूं कई रात से
मैं सो जाता और तुम आ जाती
तुम आ जाती और मुझको ना पाती
बस यही सोच कर ना सोया हूं मैं
तेरे जाने के बाद बहुत रोया हूं मैं
तेरे जाने के बाद बहुत रोया हूं मैं

खामोशी ने जकड़ लिया है मुझको
छोड़ने का नाम नहीं लेती
तनहा कर दिया है मुझको
किसी को मेरे पास आने नहीं देती
अकेला गुमसुम तेरी यादों में
खोया हूं मैं
तेरे जाने के बाद बहुत रोया हूं मैं
तेरे जाने के बाद बहुत रोया हूं मैं

आज फिर तेरे आंसुओं ने गीला कर डाला

वो तकिया मुझसे रोज शिकायत करता है

सब कहते हैं पागल है तू तो

क्यों उस बेवफ़ा से इतनी मोहब्बत करता है

लोग लगाते हैं जो तुझ पर

रोज उन दागों को धोया हूं मैं

तेरे जाने के बाद बहुत रोया हूं मैं

तेरे जाने के बाद बहुत रोया हूं मैं

सर्द मौसम में तू कहीं नजर ना आता है

जिधर देखो उधर धुंधला नजर आता है

मातृभाषा

दादी की कहानी सुनी जिस भाषा में
उसे मातृभाषा कहते हैं
जिस भाषा में सुनी मां की लोरियां
उसे मातृभाषा कहते हैं
कोई भी कुछ भी परिभाषा दे मगर
मुझको है यह खबर
मुझे अपनों से जोड़े जो भाषा
उसे मातृभाषा कहते हैं
भाषा हो ऐसी जिसमें अपनों का, गैरों का
सबका सम्मान होना चाहिए
हमको अपनी मातृभाषा पर अभिमान होना चाहिए

मातृभाषा को हम मेहमान समझते हैं
साल भर में एक दिन इसको याद करते हैं
हिंदी हमारी पहचान हिंदी से है हिंदुस्तान
मुझको बताओ फिर क्यों हम ऐसा करते हैं
आओ हम लें यह प्रण एक दिन नहीं
हर दिन हिंदी का गुणगान होना चाहिए
हमको अपनी मातृभाषा पर अभिमान होना चाहिए

अटल बिहारी जी ने विदेशों में
हिंदी का परचम लहराया है
लेकिन तमिल, तेलुगु भाषी या उर्दू या मराठी
सबको अपनाओ हमको मा हिंदी ने सिखाया है
दिल में हमारे सभी भाषाओं का आदर
और सम्मान होना चाहिए
हमको अपनी मातृभाषा पर अभिमान होना चाहिए

मैं हिंदी का हूं वक्ता आप हिंदी के हैं श्रोता
हमको गुमान होना चाहिए
हमको अपनी मातृभाषा पर अभिमान होना चाहिए

जिसे पढ़ते रहने की मेरी अभिलाषा है
ये सबसे सहज सबसे मधुर भाषा है
भारत को है इसने एक सूत्र में बांधा
मुझे गर्व है हिंदी हमारी मातृभाषा है

मैं भी कुछ लिख दूं

मैं भी कुछ लिख दूं मेरा मन कहता है
मन कहता है मेरा दिल कहता है

सुबह को लिखूं या शाम लिखूं
दिन को लिखूं या रात लिखूं
मैं बस एक बात लिखूं
इस दिल में ये देश रहता है
मैं भी ....

मंदिर लिखूं या मस्जिद लिखूं
या लिखूं गुरुद्वारा
हिंदू लिखूं मुस्लिम लिखूं
या लिखूं भाईचारा
मैं लिखूं एक ही नारा
जिसे देश वंदे मातरम कहता है
मैं भी ....

राधे का विरह लिखूं
या सीता का बनवास
मीरा का जहर लिखूं
या सबरी की आस
मैं उर्मिला का त्याग लिखूं
ये मेरा मन कहता है
मैं भी ....

मन कहता है मेरा दिल कहता है
मैं भी कुछ लिख दूं मेरा मन कहता है

ऐसा हो नहीं सकता

बिन मर्जी कोई मेरे करीब आए ऐसा हो नहीं सकता
बिन सिखाए कोई कुछ सीख जाए
ऐसा हो नहीं सकता

चोला ओढ़कर बेवकूफों के हाथों
पूजे तो जा रहे हो तुम
मेरे घर में तुम्हें पूजा जाए ऐसा हो नहीं सकता

तू करले मनमानी कि जब तक
तेरे हक में चल रहा है समय
जिंदगी भर तू ऐसे ही पूजा जाए ऐसा हो नहीं सकता

राज तो सबका आखिर में जाकर एक दिन खुलना हैं
सबका राज खुले और तू बच जाए
ऐसा हो नहीं सकता

लोगों से सब कुछ छुपाने में तू कामयाब तो है मगर
तू खुदा की नजरों से बच जाए
ऐसा हो नहीं सकता

बात करना नहीं आता

मुझे बात करना नहीं आता
तुझे बात करना नहीं आता
फिर भी घंटो घंटो बात होती है

मिलने से मैं भी डरता हूं
मिलने से तुम भी डरती हो
फिर भी रोज मुलाकात होती है

एक दो पहर तो
पलक झपकते ही गुजर जाते हैं
जब जब तू साथ होती है

तेरी मोहब्बत में खोया हूं कुछ इस कदर
मुझे नहीं मालूम
क्या दिन होता है क्या रात होती है

जबसे मालूम हुआ है मुझको
तुमको बारिश बहुत पसंद है
मैं घर से तभी निकलता हूं जब बरसात होती है

जब रूठ कर तुम मुझसे दूर चली जाती हो
फिर मेरी बीमारों जैसी हालत होती है

बेटियों को विदा करना

ना जाने क्यों चाहते हैं सब
बेटियों को बंदिशों में रखना
आजाद करके तो देखो
इनको आता है आसमान में उड़ना

हो खुशनसीब तुम
जो तुमको बेटी है मिली
लाजमी नहीं है
हर एक बगिया में गुलाब का खिलना

वो कन्यादान का लम्हा
लम्हा नहीं जन्नत है
सबकी किस्मत में होता कहां है
जन्नत का मिलना

बेटी का होना बड़ा होना
और फिर चले जाना
मुश्किल हां मुश्किल होता है
बेटियों को विदा करना

आईना

आईने में हमें जो चेहरे नजर आते हैं
है खबर आपको ये उल्टे नजर आते हैं

समझ रहे हो तुम जिन्हें हम दर्द अपना
मुसीबतों में वो ही दूर नज़र आते हैं

मंजिलों तक ले जाएंगे रास्ते वही
जिन रास्तों में गड्डे नजर आते हैं

जो पास है तेरे जरूरी नहीं साथ हो
अपने वो है जो दूर से भी फर्ज निभाते हैं

जिनका दामन है दागों से भरा पड़ा
वो चेहरों से बेदाग नज़र आते हैं

एक दिन वो भी आना है

ये जो चल रहा है कब तक चलता जाएगा
एक दिन वो भी आना है जब सब ठहर जाएगा

आपको क्या लगता है खुदा के हाथ नहीं कांपेंगे
जब वो कोई हमसा आखिरी खिलौना बनाएगा

मैं तो कुछ और ही सोच कर परेशान रहता हूं
आखरी इंसान को कौन कांधा देगा कौन जलाएगा

मैं गीत लिखूंगा चांद पे जाकर

मैं गीत लिखूंगा चांद पे जाकर
क्या तुम पढ़ने आओगी ?
ये स्वप्न है मेरा
क्या तुम मेरे स्वप्न में आओगी ?

इस गीत में मैं बस प्यार लिखूंगा
तुम जितनी बार कहो लिखूंगा
ये प्यार तेरा और मेरा होगा
राधा कृष्ण के जैसा होगा
यमुना तट पर मिलना होगा
और उनके जैसा बिछड़ना होगा
मैं मुरली मधुर बजाऊंगा
क्या तुम मिलने आओगी ?
ये स्वप्न है मेरा.........

प्रेम प्रेम बस प्रेम लिखूंगा

इसके सिवा मैं कुछ ना लिखूंगा

मैं क्यों लिखूं ये दुनिया सारी ?

मुझको तो है बस तू ही प्यारी

हर पल करता बस बात तुम्हारी

ओ मेरी राधा तू जग से न्यारी

तुम हो रूप की रानी मेरा रंग सांवला

क्या मुझको अपना बनाओगी ?

ये स्वप्न है मेरा...........

मिले मुझे मेरे ख्वाबों की रानी यही रब से दुआ है

वो आई सामने घर के तो एहसास दिल को हुआ है

मानो कि जैसे ख्वाहिश पूरी कर दी मेरी रब ने

मांगी थी जो मैंने रब से क्या यह वही दुआ है

नई सुबह नई बात

हर रोज एक नई सुबह एक नई बात है
रात का क्या है वही रोज की रात है

चले तो गए तुम छोड़कर मुझे
पर आजकल तो यह आम बात है

जाने से तुम्हारे अकेला नहीं हुआ हूं मैं
तुम जो गम देखे गए वो भी तो साथ हैं

नहीं पढ़ता मैं वो पुराने खत तुम्हारे
अब कहां उन खतों में वो बात है

अंजाम फिर ये हुआ मेरी कहानी का
मेरे खाली और उसके पीले हाथ हैं

क्या फायदा !

हर जगह हर समय देखते अपना फायदा
हम भूल गए बात करने का कायदा

खुली आंखों से भी जो सच ना दिखे
ऐसी आंखों के होने का क्या फायदा

साथ रहकर जिसके सुकून मिलता नहीं
ऐसे साथी के होने का क्या फायदा

लगाकर के जिसको जख्म भरता नहीं
ऐसे मलहम के होने का क्या फायदा

पीकर के जिसको प्यास बुझती नहीं
ऐसे अमृत को पीने का क्या फायदा

नया गुलाब

घूमने निकला नजारा देखा तो ये ख्याल आया है
मानो कि जैसे शहर में कोई बवाल आया है

आज फिर सारे भंवरे मडरा रहे चौराहे पर
लगता है शहर में कोई नया गुलाब आया है

समझ मेरी ज्यादा कुछ तो नहीं कहती मगर
जो भी आया है कमाल आया है बेमिसाल आया है

मजाक है क्या !

फूल से पत्थर तोड़ोगे मजाक है क्या
दिल किसी को भी दे दोगे मजाक है क्या

इश्क में वादे तो बड़े-बड़े करते हो मगर
चांद तारों को तोड़ कर लाना मजाक है क्या

जो तुझमें है हिम्मत तो मोहब्बत कर
अपनी जान दूजी हथेली पे मजाक है क्या

तुम और मैं

नींद हो तुम तो ख्वाब हूं में
सवाल हो तुम तो जवाब हूं मैं

तुम अकेले दरिया पार नहीं कर पाओगी
नाव हो तुम तो मझधार हूं मैं

तुझे लगा तेरे जाने से, मैं बर्बाद
अरे पगली अब तो आजाद हूं मैं

तेरे प्यार में पागल, तो भिखारी समझ बैठी
पहले भी नवाब था अब भी नवाब हूं मैं

तुम क्या जानो मैं क्या हूं
तुमको लगता है मजाक हूं मैं

मैं कितना अच्छा हूं मालूम है मुझको
तुम कहती रहो खराब हूं मैं

अतीत के पन्ने मत खोलो

वर्षों के बाद मंदिर में टकरा गए वो मुझसे

बहुत रोका खुद को मगर रहा ना गया मुझसे

थोड़ा बहुत याद हूं मैं या भूल गई

बस इतना सा सवाल पूछ लिया उनसे

वो सिर झुकाए वापस चल दिए

जैसे जानते ही ना हो मुझको

रुको मैंने फिर आवाज लगाई

तो आंखों ही आंखों में डांट दिया मुझको

कहा कि जैसे जाओ यहां से

क्यों परेशान करते हो ?

अब रास्ते अलग हैं हमारे

तुम क्यों नहीं समझते हो ?

पर मैं भी कहां चुप रहने वाला था

उनकी ओर कदम बढ़ाने ही वाला था

तभी एक छोटी लड़की मम्मी मम्मी कहती आई

और बोली उनसे चलो पापा बुला रहे हैं

बस यह वो पल था कि मैं समझ गया

अब वो किसी और से रिश्ता निभा रहे हैं

एक तरफ थी वो लड़की और एक तरफ था मैं

उनकी आंखों में डर था कहीं कुछ कह ना दूं मैं

उनकी आंखों में वो जो डर था

मैं समझ गया

मेरा कुछ ना कहना ही बेहतर था

आंखों से ही मैंने उनको यह समझाया

अब हम पहले के जैसे नादान नहीं हैं

जो ऐसी वैसी कोई भी हरकत कर दें

आज जिंदगी ने हमें यह सिखाया

अतीत के उन पन्नों को मत खोलो

जो कई जिंदगियों का भविष्य बर्बाद कर दें

हां मुझको भी तो

हां मुझको भी तो
कोई गलत समझता होगा
पर उनको भी तो
ये समझना होगा
हम जिससे प्यार करें
वो हमसे प्यार करे
ये जरूरी नहीं
एक रिश्ते में
प्यार हो
मजबूरी नहीं

कुछ दिनों से हम

कुछ दिनों से हम अकेले तन्हा बैठे हैं
बस तेरे ख्यालों में खोए खोए रहते हैं

एक नजर जो तुझको देख लिया था हमने
आंखों में पाले कई ख्वाब बैठे हैं

अब दोस्त भी ना करते हैं बात हमसे
कुछ पैसे जो उनको दिये उधार बैठे हैं

जो जान गए हैं सब अब उल्फत हमारी तो
रिश्तेदार भी सारे मुंह मोड़ बैठे हैं

अब घरवालों से भी खाने को मिलती है बस गाली
ऐसी भी क्या आखिर हम गलती कर बैठे हैं

तुम वापस क्यों नहीं आते?

सूरज वापस आता है
चंदा वापस आता है
तारे वापस आते हैं
तुम वापस क्यों नहीं आते ?

दिन वापस आता है
रात वापस आती है
सपने वापस आते हैं
तुम वापस क्यों नहीं आते ?

सावन वापस आता है
पतझड़ वापस आता है
सब मौसम वापस आते हैं
तुम वापस क्यों नहीं आते ?

खुशियां वापस आती है
गम वापस आते हैं
सब वापस आते हैं
तुम वापस क्यों नहीं आते ?

सब वापस आते हैं
मगर वक्त वापस नहीं आता
तो क्या तुम वक्त हो
मेरा गुजरा हुआ वक्त !

मुझे मंजूर ना था

उसकी चाहत में तड़पना मुझे मंजूर ना था
हर रात उसका ही सपना मुझे मंजूर ना था

ये तो नजरें थी जो तेरी नजरों से जा मिलीं
मेरे दिल को तो ये कभी मंजूर ना था

ये तो उसने हमें छोड़ा इस मोड़ पर लाकर
अन्यथा उस पर यूं लिखना कभी मंजूर न था

मेरा फर्ज

ऐसा नहीं है कि वो कुछ नहीं जानते हैं
बस अनजान बन रहे हैं सब जानते हैं

कहावत पुरानी है मगर सच तो है ना
काम निकल जाए फिर कहां लोग पहचानते हैं

वो जो लूट रहे हैं सुबह शाम उनको
वो उन्हीं को अपना खुदा मानते हैं

मेरा फ़र्ज़ है गीत गजलें सुनाना तो सुना रहा हूं ना
क्या आप लोग अपना फ़र्ज़ नहीं जानते हैं

राजनीति

अगर सत्ता के विरोध में कविता लिखना जायज है
तो फिर सत्ता के पक्ष में कविता लिखना जायज है

***

खुश तो बहुत हो तुम आज घर में भीड़ भर कर
तब पछताओगे जब खाने–सोने के लिए झगड़े होंगे

***

मैं राजनीति में जाऊं इस लायक नहीं हूं मैं
खरीदने की कोशिश ना करना विधायक नहीं हूं मैं

तुम गलत करो तो भी कोई बात नहीं
हम आईना दिखाएं तो गलत बात है

***

युद्ध जीतना कोई बड़ी बात नहीं
बस कुछ रायचंद, जयचंद ना बन जाए

***

झूठ का है दबदबा यहां सच के मुंह पर ताले हैं
सच कहें तो सारे गुंडे राजनीति ने पाले हैं

मेरा सिर उठाने का
नेताओं के सिर झुकाने का
वक्त आ गया है
मेरे शहर में
मेरे गांव में
चुनाव आ गया है

***

किसी को घमंड है
किसी को नशा है
या तो घमंड उतरेगा
या फिर नशा उतरेगा
आने वाले चुनाव में
एक का उतरना तय है

जुबानो से बांटना चाहते हैं
रंगों से बांटना चाहते हैं
कुछ अनपढ़ गवार मिलकर
मेरा देश बांटना चाहते हैं

***

राजनीति में
सच और झूठ
सही और गलत
ये सब नहीं होता।

चुनाव आया है

जिनको ना देखा सालों से
वे रोज गलियों में नजर आते हैं
कभी इस द्वार तो कभी उस द्वार पर
रोज नजर आते हैं
प्रचार में इनके न कैसे भी कोई कमी आए
झूठे वादे लंबे भाषणों से जनता को मनाए
आज फिर अखबार में इन्हीं का इश्तिहार आया है
देखो रे देखो रे चुनाव आया है
शहर शहर गांव गांव आया है

जनता सो रही है तो सोने दो ना
बर्बाद हो रही है तो होने दो ना
हमको तो चुप रहना अच्छा लगता है
सौ झूठ बोलता जो वो सच्चा लगता है
आज फिर नेताओं ने दारु और चखना बटवाया है
देखो रे देखो रे चुनाव आया है
शहर शहर गांव गांव आया है

कहानी अधूरी है

जो ना हो हमसफर तो जवानी अधूरी है
बिना सार के पूरी कहानी अधूरी है

जो कहते हैं यहां राज बस हमारा है
तुम जो कहते हो वो कहानी अधूरी है

क्या पाया है मैंने तुम्हारे साथ आकर के
सिवाय आंसुओं के हर ख्वाहिश अधूरी है

अलग हो गए हम दोनों अहम से है तुम्हारे
एक रिश्ते में दोनों की सुनना भी जरूरी है

सब धोखा है

क्या हंसने से खून बढ़ता है
क्या रोने से दर्द कम होता है

मत उलझ तू इन पहेलियों में
जिंदगी एक हवा का झोंका है

मुश्किलों से डर कर मत बैठ
आगे बढ़ने का यही मौका है

तुझे जो करना है तू वही कर
ये दुनिया,समाज सब धोखा है

चाय स्पेशल

वो जो मेरे हर मर्ज की दवा हो जाए
चलो यारों एक-एक कप चाय हो जाए

***

ये जो कुछ भी लाए हो सब लौटा दो
मुझे तो बस एक कप चाय पिला दो

***

मौसम हो सुहाना रिमझिम सी बरसात हो
और हम दोनों की चाय पर मुलाकात हो

14 फ़रवरी

जेब भी खाली और दिल भी टूटा
कमबख्त 14 फरवरी ने इस तरह लूटा

***

जिंदगी इस मोड़ पर आकर है खड़ी
कि अब भाड़ में जाए 14 फ़रवरी

***

सात दिन की सप्तरात्रि ने
कंगाल कर दिया मुझको
पैसों से भिखारी आंसुओं से
मालामाल कर दिया मुझको

कमबख्त इश्क

मैं भी चाहता हूं
उसकी बाहों में
सिर रखकर सोना
कमबख्त इश्क़ मेरा
मुझे मिलता ही नहीं है

***

काश ऐसा भी हो जाए
मैं रूठूं और वो मनाए
पर फूटी किस्मत मेरी
ना मैने ढूंढा ना वो आए

जिंदगी तूने मुझे बहुत कुछ सिखाया है

जिंदगी तूने मुझे बहुत कुछ सिखाया है
हां मगर हर कदम पर आजमाया है

जिसके सपनों को सब पागलपन कहते हैं
इतिहास गवाह है उसी ने इतिहास बनाया है

बेफिक्र घूमता है अब वो गलियों में
जिसको लोगों ने जितना डराया है

आई मुसीबत मुझ पर तो मैंने जाना
कौन है अपना और कौन पराया है

उसके घर में देर है अंधेर नहीं
मां ने भूखे बेटे को समझाया है

कोई प्यासा मर जाता सड़कों पर
कोई पाप मिटाने गंगा नहाया है

मजदूर के हाथ काटे वो प्रेम नहीं
प्रेम ने समंदर पर सेतु बनाया है

राम खुश नहीं की लंका जली है
राम खुश हैं सीता का पता जो पाया है

वह अज्ञानी ना जाने प्रेम क्या है
जिसने मां मीरा को जहर पिलाया है

भगवान से भी बड़े भक्त होते हैं
मां अनुसुइया ने हमें ये सिखाया है

उसका दुपट्टा

देख कर उस चेहरे को बहक रहा हूं मैं
आजकल कुछ ज्यादा ही चहक रहा हूं मैं
वो एक रोज उसका दुपट्टा मेरा चेहरा छू गया
बस तब से लेकर अब तक महक रहा हूं मैं

***

जो मेरी बीमारी ठीक करे
उन दवाओं को मेरा शुक्रिया
उसकी चुनरी मेरे चेहरे से गुजरी
उन हवाओं को मेरा शुक्रिया

हम तुमसे बात करें

हम तुमसे बात करें दिन-रात करें
फिर भी ना मन भरता है
कहना चाहें जो, कह ना पायें वो
कहने से मन डरता है
जाने क्या अजब बीमारी है
इस जाहिल जमाने को
हम मुलाकात करें, तेरे साथ करें
तो ये जमाना जलता है

हमसा दोबारा नहीं मिलता

तेरी इजाजत के बगैर एक पत्ता भी नहीं हिलता
तभी तो अब तेरा शहर भी हमसे नहीं मिलता

सुना है मुझे भुलाने की कोशिश में हो याद रखना
हम जो गए तो फिर हमसा दोबारा नहीं मिलता

लेकर एक चुस्की जो चाय तुमने थमा दी थी मुझको
यकीं मानो सारा शहर ढूंढा, वो स्वाद नहीं मिलता

कई बिस्तर आजमाए हमने कितना ही आराम किया
तेरे कांधे पर सिर रखने में था जो वो सुकूं नहीं मिलता

Inspired by KV

हर घड़ी हर पल मेरा दिल एक बात कहता है

सिवाय तेरे होने के कभी ना कुछ कहता है

तू लाख करे इंकार मगर मैं जानता हूं ये

जो मेरा दिल कहता है वही तेरा दिल कहता है

***

अपनी धुन में मस्ताना प्यार से था अनजाना

वो आए जिंदगी में तो मैंने प्यार भी जाना

ख्वाहिश थी मेरी बस उसे अपना बनाने की

पर भूल गया दुश्मन प्यार का है जमाना

Be positive

कहना है जो भी संभलकर कहें
लोग उकसायेंगे पर आप शांत रहें
पहुंच जाओ तुम कितनी भी ऊंचाई पर
इतना याद रखना पैर जमीं पर रहें

***

जो आया नहीं उसके बारे में क्या सोचें
जो चला गया उसके बारे में क्या सोचें
जो जिंदा हैं हम तो अपने आज पर
अच्छा होगा जो हम इसीके बारे में सोचें

मरना एक दिन सबको है ये बात जानता हूं मैं
अब ये ज्ञान ना दो मुझको हाथ जोड़ता हूं मैं
अभी देखा ही क्या है बहुत कुछ देखना मुझको
हे ऊपर वाले तुझसे उम्र और मांगता हूं मैं

***

जो हम चाहते हैं कभी-कभी वह नहीं होता है
ऐसा तुम्हारे ही साथ नहीं सबके साथ होता है
जो हार मान लेता है वह हार जाता है
जो कोशिश करता है उसका उद्धार होता है

ना मानो हार कभी यह बात बतायी है
आज फिर अंधेरे को हराकर सुबह आयी है

बेवफ़ा यार

खुद से बात करता था तो कितना सच्चा था
अकेला था, जैसा था, अच्छा था
तुम आए और गए सब सुना कर गए
तुम ना आते तो कितना अच्छा था

***

अगर खुश हो तो मुझसे दूर जाकर
फिर क्या करूंगा मैं तुमको फिर से पाकर
खैर छोड़ो मुझे अब तुम्हारी बात नहीं करनी
गलती की थी मैंने तुमको जिंदगी में लाकर

रग-रग में बसा तेरे कैसे भुला पाओगे
जितना स्वयं को ढूंढोगे मुझको ही पाओगे
आसान नहीं होगा मुझे दिल से मिटा पाना
जो जाओगे खुदा के घर मुझे ही साथ पाओगे

***

मैं खुश हूं कहती फिरती हो सब से
खुश नहीं हो तुम छोड़ा है मुझको जबसे
मुझे भूल जाने की बात करती हो
एक नंबर तो डिलीट होता नहीं तुमसे

उससे दूर होते हुए भी उसके पास जा रहा हूं

ना चाहते हुए भी मैं उसको ही गा रहा हूं

क्या सुनाऊं मेरी मोहब्बत की कहानी बहुत छोटी है

ये तो बेवफाई है जो किताबें लिखता जा रहा हूं

***

मैं समझा ही नहीं अब तक मेरी भूल क्या है

जो तुमको याद मैं आऊं मेरा कसूर क्या है

गलती भी करो तुम और रूठ भी जाओ

अगर ये मोहब्बत है तो फिर गुरुर क्या है

तेरे बरताव में जो ये बदलाव आ रहे हैं

नहीं खबर तुझको कहां लेके जा रहे हैं

अब तेरा दिल करे तो आना महफिल में मेरी

हम कौनसा तेरे इंतज़ार में मरे जा रहे हैं

***

मेरे ख़्वाब मेरे हैं तुम नहीं समझोगी

तुमको बताऊंगा तो मुझको पागल समझोगी

एक दिन जमाना साथ होगा पर तुम नहीं

उस दिन तुम खुद को पागल समझोगी

मोहब्बत भी अजीब है पीछे ही पड़ जाती है

दिल को रोकता हूं तो आंख लड़ जाती है

हर बार रिश्ता टूटने की वजह एक ही है

मैं मनाता नहीं हूं जब वो रूठ जाती है

***

मैं खुद को भूल जाऊं क्या ऐसा भी होता है

पतझड़ में सावन गाऊं क्या ऐसा भी होता है

भरोसा ही नहीं उनको जब हमारी मोहब्बत पर

फिर मैं उनको मनाऊं क्या ऐसा भी होता है

तुमने सब खत्म करने का सोचा
ये तुमने बहुत अच्छा सोचा
अलग अलग रहना ये तो ठीक है
खबरदार जो बिन मेरे मरने का सोचा

***

तुमने आगे का भी तो सोचा होगा
यूं ही नहीं बिछड़ने का सोचा होगा
होश वाले तो मुझसे दूर जाते नहीं
शायद तुम्हें किसी का नशा चढ़ा होगा

क्या बताएं जग को
क्या मेरी कहानी है

जो ना देखूं उसको
तो आंखों से आता पानी है

इतना आसान नहीं होता
हर गम को सह जाना

कल तक था मैं जिसका राजा
वो आज किसी की रानी है

गुजरती जिस गली से वो
वहां पर फूल खिलते हैं

ये जो लोग मोहब्बत को
इतना ही समझते हैं

मोहब्बत की राहों में
आकर के तो देखो तुम

यहां खुशियां भी मिलती है
यहां गम भी मिलते हैं

जिंदगी से अपनी हैं हारे हुए
खबर है हमको हम किनारे हुए
आज महफ़िल मैं हम नहीं तो क्या
सारी रात चर्चे तो हमारे हुए

***

अपने सिर पर ये बोझ तुम क्यों ढो रहे हो
अपनी जवानी को तुम यूं ही खो रहे हो
वो जो छोड़कर ही चला गया है तुमको
तुम बेवकूफ हो उसके लिए रो रहे हो

जो मुझसे दूर जा रहे हैं
उनको लगता है
मैं तनहा हो जाऊंगा एक दिन
मुझे छोड़कर जाने वालों
सब के सब पछताओगे एक दिन

***

मेरे अपनों के
मेरे यार के
मेरे प्यार के
वो हाथ किस काम के
जो मेरे आंसू ना पोंछ सके

कल तक वो जो गुलाब हमारा था

अब उसको कोई और जनाब देख रहे हैं

जुल्म तो देखो किस तरह हो रहे मुझ पर

उनको मनाने का तरीका वो हमसे पूछ रहे हैं

***

समझा जिंदगी जिसको वो दुखों का साया निकला

मैने जिसको अपना समझा वो शख्स पराया निकला

कुछ तो लोग कहेंगे

मुझको जो तुम ऐसा वैसा समझ रहे हो
ना जाने तुम कैसा कैसा समझ रहे हो
समझ को अपनी तुम अपने पास रखो ना
मुझको क्या तुम अपने जैसा समझ रहे हो

***

सब एक दूसरे की कामयाबी से जलते हो
फिर मुंह पर कहने में क्यों डरते हो
खुद ही काटते हो रास्ता एक दूसरे का
और फिर बदनाम बिल्लियों को करते हो

हिम्मत नहीं सामने खड़े होने की
बात करते हो मुझसे लड़ने की
मुझसे पंगा क्यों लेते हो तुम
क्या इतनी जल्दी है मरने की

***

कयामत आती है तो आने दे
कोई छोड़कर जाए तो जाने दे
ये मोहब्बत है कोई मज़ाक नहीं
मौत भी आती है तो आने दे

मोहब्बत के एहसासों को हर कोई न समझता है

जो समझे उसे हर कोई पागल समझता है

इबादत से ज्यादा नहीं तो कम भी नहीं मोहब्बत

पर इस बात को कहां ये जमाना समझता है

***

हम जुल्फों में उंगलियां फिराएं

तो तुम्हारी क्यों जलती है

अगर तुमको कोई नहीं मिली

तो क्या हमारी गलती है

हम यहां जाएं हम वहां जाएं
तुमको क्या लेना देना

हम ये खाएं हम वो खाएं
तुमको क्या लेना देना

जो ज्ञान है पास तुम्हारे
उसको अपने पास रखो

हम दिनभर मोबाइल चलाएं
तुमको क्या लेना देना

आम आदमी थे पहले
आम कोई आज नहीं है
ऐसा हो सकता है भला
कि उसके दिल में
कोई राज नहीं है
ये जो गली के नुक्कड़ पे
चाय की टपरी पे
मुंह में तंबाकू भरके
हमें ज्ञान देते हैं
ये सब निकम्मे हैं
इनको कोई
काम काज नहीं है

कुछ अपने लिए

दिल छोटा है मगर
ख़्वाब बहुत बड़े पाले हैं

अब आपको क्या बताएं
हमारे क्रश भी बहुत सारे हैं

यूं नहीं फ़क़त मैं ही
दीवाना बना फिरता हूं

हर गली मोहल्ले में
मेरे चाहने वाले हैं

सपनों को पूरा करने
निकल पड़ा हूं
कहां ठहरूंगा
मुझको खबर नहीं है
रोज़ यही सोचकर
चलता रहता हूं
मंजिल अब
दूर नहीं है

नींद ना आए फिर भी सोना है
कुछ ख्याल हैं जिनमें खोना है
जिनसे कोई वास्ता ही नहीं हमारा
हमें उनके दुःख में भी रोना है

मैं रातों को जागता हूं सपने पूरे करने के लिए
किसीके टाइम पास के लिए नहीं

Give feedback on –

Email – <u>abhishekvyas557@gmail.com</u>

Connect with me –

Instagram – abhishekvyas9991

Twitter – abhishekvyas99

YouTube –Abhishek Vyas Official